Everyday,
SOUP &
SALAD
arikoの
日々、
スープ、
サラダ

はじめに

スーパーや青果店の店頭に色とりどりに並んだ旬の野菜たちを見ると季節を感じてワクワクします。夏には皮がパーンと張ったなすやトマト、トゲトゲのきゅうりに、寒くなれば白く輝く大根やかぶ、ほうれん草や春菊などの葉ものたち……。出盛りの野菜はそれだけでパワーの塊。新鮮な野菜を食べるとやっぱり体がスッキリします。

旬の野菜はどう料理したっておいしいのですが、まずはシンプルにサラダで食べたい。白飯に合う茶色いおかずも大好きですが、それに負けないくらい元気な野菜を山盛りのサラダにしてワシワシ食べるのも大好き。なんならお肉の倍は食べているかも。同じ野菜でもドレッシングを替えれば毎日食べても飽きません。ドレッシングはサラダの陰の主役。ドレッシングの数だけ、サラダを楽しむことがで

きます。フルーツと組み合わせれば、ちょっとおしゃれな前菜に。こってりのお肉と組み合わせれば、食べ応えも満点のおかず的な一皿が完成します。

サラダと同じように日々の食卓に欠かせないのがスープです。レストランのおすすめメニューにスープを見つけたら注文せずにはいられないほど、実は汁物が大好きです。シンプルなポタージュはもちろん、だしの効いたスープ煮に具だくさんのおみそ汁など、献立に汁物があるとほっとするし、満足度がぐんと上がるような気がします。気の張る仕事続きで、疲れ切り、なんだか食欲がない……、そんなときに体に染み入るひとさじのスープに何度癒やしてもらったかわかりません。

前回の『日々、麺、ごはん』に続いて、日々食べたい、あるとうれしいサラダとスープをご紹介する機会をいただきました。簡単にできて、野菜がたっぷり摂れるレシピの数々、ひとりご飯でも家族と一緒でも、お客様のおもてなしにも、少しでも皆さまの食卓のお役に立てたら幸いです。

ariko

CONTENTS

PART 2

サラダ

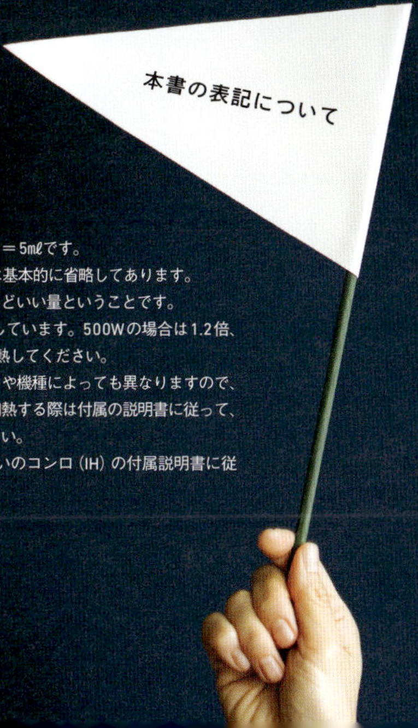

- 計量の単位は大さじ1＝15mℓ、小さじ1＝5mℓです。
- 野菜の「洗う」「皮をむく」などの下処理は基本的に省略してあります。
- 材料表の「適量」はその人にとってちょうどいい量ということです。
- 電子レンジの加熱時間は600Wで算出しています。500Wの場合は1.2倍、700Wの場合は0.8倍の時間を目安に加熱してください。
- 電子レンジで加熱する時間は、メーカーや機種によっても異なりますので、様子を見て加減してください。また、加熱する際は付属の説明書に従って、耐熱の器やボウルなどを使用してください。
- 少ない油で揚げ物をする場合は、お使いのコンロ（IH）の付属説明書に従って調理してください。

旬野菜を求めて鎌倉〝レンバイ〟へ

おいしい素材と出合うために
ちょっと足を延ばしてみると、
新たなレシピのヒントになる
彩り豊かな野菜が待っていました。

日常生活で野菜を購入するのは、主に帰宅前に立ち寄るスーパーですが、仕事や休暇で訪れた土地に市場や道の駅といった農産物直売スポットがあれば、ここぞとばかりに駆けつけます。そんな採れたて野菜を求めて、都内からも行きやすいのは「鎌倉市農協連即売所」、通称〝レンバイ〟。鎌倉市周辺の農家さんが、育てた農作物を自ら販売しているのです。

鎌倉近辺はファッション誌のロケ撮影で行く機会も多く、そのついでにお気に入りのショップや飲食店へ足を延ばすことがあります。レンバイもそのひとつ。普段はなかなか目にすることがない、色とりどりの野菜がずらり並んでいる様には心躍ります。

3	1
4	2

1.スーパーに並ぶことはほぼない、葉つきのにんじんが手に入る。2.さまざまな品種のじゃがいもが揃うのも、専門農家さんの直売だから。3.摘みたてのハーブ類。鮮度がいいから香り高さが際立つ。4.可憐な花が咲いたパクチーは、テーブルブーケに最適。

レンバイの魅力は、何よりも新鮮な野菜が手に入ること。収穫したての旬のものだから、何が売られているか当日行ってみなければわからないのも楽しいですね。そのうえ価格がリーズナブルだから、ついつい買い込んでしまいます。スーパーならば葉を落としてしまうにんじんなどは葉つきのまま、彩りも豊かなので見栄えも抜群。大好きなハーブ類は、フレッシュだから香りが際立ちます。食べたことがない珍しい野菜も数多くありますが、その場で農家さんにおすすめの調理方法などを聞けるから安心です。

素材をストレートに楽しむサラダやスープにこそ、元気いっぱいの野菜を使いたいもの。みずみずしく味わい豊かなレンバイの野菜がぴったりなのです。

鎌倉市農協連即売所

㊟ 神奈川県鎌倉市小町1-13-10
㊔ 8:00頃～日没または
売り切れ次第終了
㊡ 1月1日～4日

PART 1

スープ

SOUP

添えるだけで食卓が豊かに
そして、心もおなかも満たされる…
そんな存在です

毎日の家庭料理でも、レストランでの外食でも欠かせないくらい、
スープは私の大好物です。どんな献立にも、どんな気分にも合うように
レパートリーはあればあるほどうれしいもの。
我が家で楽しんでいるスープレシピを紹介します。

ポタージュ

Potage

野菜本来の味を丸ごと！
口いっぱい、なめらかに広がります

ビストロや洋食屋さんで外せない、ポタージュスープ。
野菜の味わいをストレートに楽しみたいから、
さまざまな野菜をミックスするより
単品で使ってシンプルに仕上げるのが好きです。
体の中からじんわり、心もほっと温まります。

ビーツのポタージュ

食卓をおしゃれに
演出してくれる、
色鮮やかさ。
栄養たっぷりのビーツで、
飲むスーパーフードに

材料 4人分

ビーツ水煮缶…1缶
（固形量200g～250g）
じゃがいも…1個（150g）
玉ねぎ…1/2個
オリーブオイル…大さじ1
顆粒コンソメスープの素…小さじ1/2
牛乳…300ml
水…200ml
塩…少々
こしょう…少々
セルフィーユ…適量

MEMO

冷製にしてもおいしいスープです。その場合、ブレンダーで撹拌後に冷たい牛乳を注ぎ、味を調えてから冷蔵室で冷やします。仕上げに散らしたセルフィーユが手に入らなければ、お好みのハーブでOKです。

作り方

1 ビーツは水けを切る。じゃがいもと玉ねぎは薄切りにする。

2 鍋にオリーブオイルを入れて中火にかけ、じゃがいもと玉ねぎを加えてしんなりするまで炒める。コンソメと水を入れて15分ほど煮て、ビーツを加える。

3 ひと煮立ちしたら火を止め、ハンドブレンダーでなめらかになるまで撹拌する。

4 牛乳を加えて中火にかけ、沸騰させないように温めて、塩とこしょうで味を調える。

5 器に盛り、セルフィーユを散らす。

カリフラワーのポタージュ

白い野菜＆牛乳で、白く仕上げました。
じゃがいもが、
まろやかなとろみを出してくれます。

材料 4人分

カリフラワー…1個
じゃがいも…小1個
玉ねぎ…1/2個
バター…30g
顆粒コンソメスープの素…小さじ1
水…400ml
牛乳…200ml
塩…小さじ1
こしょう…少々
黒こしょう…適量

MEMO

素材を煮てからブレンダーにかけるだけで、炒めるプロセスがないので焦げつく心配がありません。カリフラワーの代わりに、かぶを使ってもおいしい白いポタージュに。

作り方

1. カリフラワーはひと口大に切る。じゃがいもと玉ねぎは薄切りにする。
2. 鍋に1と水を入れ、ふたをして中火にかける。沸騰したらバターとコンソメを加えて、20分ほど煮る。
3. じゃがいもが柔らかくなったら火を止め、ハンドブレンダーでなめらかになるまで撹拌する。
4. 牛乳を加えて中火にかけ、沸騰させないように温めて、塩とこしょうで味を調える。
5. 器に盛り、黒こしょうをふる。

にんじんスープ

母から受け継いで作り続けている、
我が家の定番スープ。
お米でつけたとろみで、
やさしい口当たりに。

材料 4人分

にんじん…4本
玉ねぎ…1個
バター…10g
米…大さじ2
顆粒コンソメスープの素…小さじ1
水…600ml
塩…小さじ1
こしょう…少々

MEMO

バターと野菜を火にかけたとき、蒸し煮にしてしっかりと水分を出すことがポイント。野菜の甘さがぐっと引き出されます。仕上げに、生クリーム少々をかけてもOK。

作り方

1. にんじんは2～3mm厚さの半月切りにする。玉ねぎは薄切りにする。
2. 大きめの鍋にバターと1を入れ、ふたをして強火にかける。野菜から水分が出てきたらふたを取り、中火にして炒める。
3. 水けがなくなってきたら米、コンソメ、水を加え、米が柔らかくなるまで弱めの中火で20分ほど煮る。
4. 米が潰れるくらい柔らかくなったら火を止め、ハンドブレンダーでなめらかになるまで撹拌する。とろみが強ければ湯(分量外)を加えて調節し、塩とこしょうで味を調えて器に盛る。

ほうれん草ポタージュ

グリーンの彩りを楽しみたいスープです。
ほうれん草が旬を迎える寒い時季、
ほっと温まるまろやかさ。

材料 2人分

ほうれん草…1/2束
玉ねぎ…1/2個
バター…大さじ1
顆粒コンソメスープの素…小さじ2
ローリエ…1枚
牛乳…200ml
生クリーム…50ml
水…200ml
塩…小さじ1/4
こしょう…少々
クルトン…適量
パルメザンチーズ…適量

MEMO

ほうれん草の色を生かすために、火を入れすぎないことがポイント。そのため、先に玉ねぎを炒めてからほうれん草を加えています。

作り方

1. ほうれん草はざく切りにする。玉ねぎは薄切りにする。
2. 鍋にバターを入れて中火にかけ、玉ねぎと塩少々（分量外）を加えて炒める。玉ねぎが透き通って水けがなくなったら、ほうれん草を加えてしんなりするまで炒める。
3. コンソメ、ローリエ、水を加えて沸騰するまで煮る。
4. 火を止めてローリエを取り出し、ハンドブレンダーでなめらかになるまで撹拌する。
5. 牛乳と生クリームを加えて中火にかけ、沸騰させないように温めて、塩とこしょうで味を調える。
6. 器に盛り、クルトンを散らしてパルメザンチーズをふる。

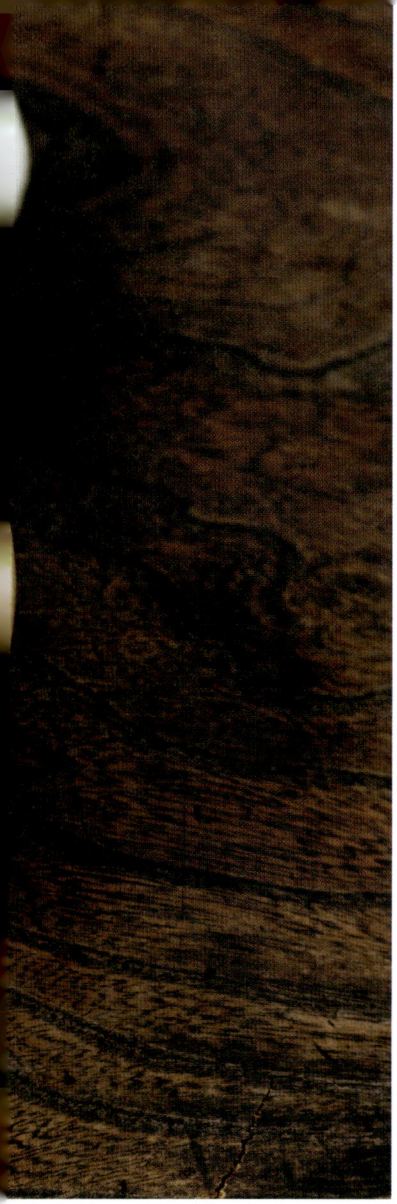

焼き芋ポタージュ

質の高さに驚かされる、
スーパーでお手頃価格の焼き芋。
あの甘さを楽しみたくて、
スープにアレンジしました。

材料 2人分

焼き芋…1本(300g)
玉ねぎ…1/2個
オリーブオイル…小さじ2
顆粒コンソメスープの素…小さじ2
牛乳…200ml
水…200ml
塩…少々
こしょう…少々
デュカ…適量

作り方

1. 焼き芋は皮を除き、ひと口大に切る。玉ねぎは薄切りにする。
2. 鍋にオリーブオイルを入れて中火にかけ、玉ねぎと塩少々（分量外）を加えてしんなりするまで炒める。焼き芋、コンソメ、水を加え、ふたをして弱めの中火で10分ほど煮る。
3. 火を止めて、ハンドブレンダーでなめらかになるまで撹拌する。
4. 牛乳を加えて中火にかけ、沸騰させないように温めて、塩とこしょうで味を調える。
5. 器に盛り、デュカを散らす。

MEMO

ビーツのポタージュと同様、冷製にしても楽しめます。スパイスとナッツのミックス調味料「デュカ」が合うので、手に入ればお好みでどうぞ。代わりにチリパウダーをふっても、味わいのアクセントになります。

鍋感覚のスープ

Nabe Soup

1人用の小鍋で作って、そのまま食卓へ
いつもの鍋料理がぐっと手軽な一品に

家族や友人と囲む鍋料理もいいけれど、スープにアレンジすれば、1人でもOK！
食べやすいように具材は小ぶりにし、汁物として楽しむためにスープたっぷりに。
つけダレも不要なので、お手軽ですよ。

ザーサイ鶏団子のスープ

鶏団子はザーサイの旨みと食感を生かして。
我が家のへビロテ鍋をスープに仕立てました。

材料　4人分

［ザーサイ鶏団子］
- 鶏ひき肉…200g
- ザーサイの粗みじん切り…大さじ2
- 長ねぎのみじん切り…10cm分
- 卵…1個
- しょうがのすりおろし…小さじ2
- 片栗粉…小さじ2

えのきだけ…1/2袋
豆苗…1/4束
顆粒鶏ガラスープの素…小さじ2
水…700ml
ごま油…適量

作り方

1 えのきだけと豆苗は根元を除き、ざく切りにする。

2 ザーサイ鶏団子を作る。ボウルに材料をすべて入れてしっかりと練る。

3 鍋に水と鶏ガラスープの素を入れて沸かし、2のたねをスプーンですくって落とし入れる。浮き上がってきたら、1を加えてさっと煮る。

4 器に盛り、ごま油をたらす。

MEMO

ザーサイは瓶詰の味つけタイプではなく、中華食材店などで手に入る漬物を使ってください。発酵食品ならではの旨みと塩味を生かすため、塩抜きしないのがポイントです。

参鶏湯風スープ

コトコト煮込んだ滋味あふれるスープに
もち米でとろみをつけて、おなかを満たします。

材料 2〜3人分

鶏手羽元…6本（300g）
干ししいたけ…4枚
もち米…大さじ3
ごま油…大さじ1
A にんにく…1かけ
しょうがの薄切り…3枚
長ねぎの青い部分…1本分
酒…大さじ2
水…1ℓ
塩…小さじ1/4
こしょう…適量
長ねぎの小口切り…適量
糸唐辛子…適量

作り方

1 鍋に湯を沸かし、鶏手羽元を入れてゆでる。表面の色が変わったら取り出し、水で洗う。干ししいたけは水で戻して石づきを除き、大きければ半分に切る。もち米はごま油をからめる。

2 1の鍋を洗い、水、酒、鶏手羽元、干ししいたけ、もち米、Aを入れて中火にかける。沸騰したらアクを取り除き、弱めの中火にして30〜40分煮る。塩とこしょうで味を調える。

3 器に盛り、長ねぎと糸唐辛子を散らす。

MEMO

一般的に丸鶏から煮込む参鶏湯を、手羽元でアレンジ。手軽ながらも骨つきなので、スープに旨みが出ます。

しゃぶしゃぶ豚バラとほうれん草の和風スープ

常夜鍋でお馴染みの豚肉×ほうれん草に、
油揚げとにんにくを加えて、食べ応え満点！

材料　2〜3人分

豚バラ肉（しゃぶしゃぶ用）…200g
ほうれん草…1/2束
油揚げ…1枚
しょうが…1かけ
にんにく…1かけ
白だし…大さじ4
水…800ml

作り方

1. 豚肉は4cm幅に切り、沸騰させた湯でさっと火を通してざるに上げる。ほうれん草はざく切りにする。油揚げは熱湯を回しかけてから3cm角に切る。しょうがは千切りにする。にんにくは潰す。
2. 鍋に水、白だし、にんにくを入れ、沸騰したらにんにくを取り出し、豚肉、油揚げ、しょうがを加える。ひと煮立ちしたらほうれん草を加え、しんなりとしたら器に盛る。

MEMO

豚バラ肉を下ゆですることで、雑味のないスープに仕上がります。スープとしておいしく楽しむために、このひと手間は欠かさずに。

鶏肉とウインナソーセージのトマトスープ

トマトジュースとめんつゆを合わせた
旨みの相乗効果で、具材も味わい深く。

材料　2人分

鶏ささみ…2本
ウインナソーセージ…4本
ミニトマト…8個
玉ねぎ…1/2個
ズッキーニ…1/2本
しめじ…1/2パック
A トマトジュース…500ml
めんつゆ(3倍濃縮)…大さじ2
にんにくのすりおろし…小さじ1/2
水…100ml
塩…少々
こしょう…少々
オリーブオイル…適量

作り方

1 鶏ささみはひと口大のそぎ切りにする。ウインナソーセージはひと口大の輪切りにする。玉ねぎは8mm幅の薄切りにする。ズッキーニは1cm幅の半月切りにする。しめじは石づきを除いてほぐす。

2 鍋にAをすべて入れて沸かし、鶏ささみと玉ねぎを加える。鶏ささみに火が通ったら、ウインナソーセージ、ズッキーニ、しめじを加えて火が通るまで煮る。食べる直前にミニトマトを加えてひと煮立ちさせ、塩とこしょうで味を調える。

3 器に盛り、オリーブオイルをたらす。

MEMO

具材も鶏ささみとソーセージを組み合わせることで旨みがアップ！ 鶏肉の代わりに豚肉を使ってもOKです。その場合、さっと湯通しして余分な脂を落としてからスープに加えてください。

ミルクスープ

Milk Soup

寒くなったら旬素材を使って
ミルクのやさしさにほっとしたい

ちょっと肌寒い季節がやってきたら
ほっこりと温まる、牛乳入りのスープをどうぞ。
牛乳を加熱しすぎると分離してしまうので
最後に加えて、ひと煮立ちする程度にすることが
まろやかなスープに仕上げるポイントです。

じゃがいもの ミルクスープ

牛乳×じゃがいものまろやかコンビに
ほんのりと香るにんにくで、おいしさがアップします。

材料 2人分

じゃがいも…2個
玉ねぎ…1/2個
顆粒コンソメスープの素…小さじ1
にんにくのすりおろし…少々
牛乳…300ml
水…200ml
バター…10g
塩…少々
こしょう…少々
パセリのみじん切り…適量

MEMO

じゃがいもはあえて粗く潰すことで、煮崩れつつも形が残っていろいろな食感が楽しめるようにしています。

作り方

1. じゃがいもは1cm厚さに切る。玉ねぎは薄切りにする。
2. 鍋に1、コンソメ、にんにく、水を入れて強火にかけ、沸騰したら中火にして12分ほど煮る。
3. 火を止めて木べらでじゃがいもを粗く潰したら、牛乳を入れて中火にかけ、沸騰させないように温める。バターを加えてひと混ぜし、塩とこしょうで味を調える。
4. 器に盛り、パセリを散らす。

牡蠣と白菜の ミルクスープ

冬こそ、旨みたっぷりの牡蠣を食べたいから
相性のいい牛乳仕立てのスープにしました。

材料 2人分

牡蠣…120g
白菜…2枚
玉ねぎ…1/2個
顆粒コンソメスープの素…小さじ1
牛乳…200ml
水…200ml
白ワイン…大さじ1
バター…10g
塩…少々
こしょう…少々
黒こしょう…少々

作り方

1 牡蠣はボウルに入れて塩少々（分量外）をふり、軽くもむ。流水で洗って水けを切る。白菜はひと口大に切る。玉ねぎは薄切りにする。

2 小鍋に水50mlと白ワインを入れて中火にかけ、沸騰したら牡蠣を加え、ぷっくりとしたら火を止める。

3 鍋にバターを入れて中火にかけ、玉ねぎを加えてしんなりするまで炒める。水150mlとコンソメ、白菜を加え、ふたをして12〜15分煮る。白菜が柔らかくなったら、牛乳と2の牡蠣を煮汁ごと加え、沸騰させないように温める。塩とこしょうで味を調える。

4 器に盛り、黒こしょうをふる。

MEMO

牡蠣をただ加えるのではなく、まず酒蒸しにするひと手間が味の決め手です。牡蠣がワインの風味をまとい、煮汁ごと加えることでスープに深みが出ます。白菜の代わりにほうれん草でも合いますよ。

かぶの
ミルクスープ

煮込むことで甘さが
ぐっと引き出されるかぶに
ベーコンのコクが
好バランスの一品です。

材料 2人分

かぶ…3個
玉ねぎ…1/2個
ベーコン…2枚
バター…10g
顆粒コンソメスープの素…小さじ1
牛乳…400ml
水…200ml
塩…少々
こしょう…少々

作り方

1 かぶは茎を1cmほど残して切り、皮をむいて1cm厚さに切る。玉ねぎは薄切りにする。ベーコンは1cm幅に切る。

2 鍋にバターを入れて中火にかけ、ベーコンと玉ねぎを加えて玉ねぎがしんなりするまで炒める。かぶを加えてさっと炒め合わせてから水を注ぎ、煮立ったら、ふたをして5～6分煮る。かぶが柔らかくなったら、牛乳とコンソメを加え、沸騰させないように温める。塩、こしょうで味を調える。

3 器に盛り、刻んだかぶの葉を散らす。

MEMO

クセがなく、火の通りが早いかぶはスープにぴったりな素材。葉つきのかぶがあれば、刻んだ葉をトッピングにして丸ごと楽しめます。

体リセットスープ

Reset Soup

食べ疲れしないけれど満足度は◎
体をいたわりたいときに、心強い味方

うっかり食べすぎが続いたときなど、
胃腸が弱っているときは、やさしい食事で
疲れをリセットしたいものです。
そこで、体にやさしい野菜や豆腐などを
摂りつつ、じんわり染みるスープの出番です。

チンゲン菜とミニトマトのスープ

あっさりスープに野菜がたっぷり！
サラダ感覚で楽しめる、中華な一品。

MEMO

材料を鍋に加えていくだけで完成する簡単スープです。市販の炒飯や餃子&ご飯があれば、中華定食が楽しめます。

材料　2人分

チンゲン菜…2株
ミニトマト…10個
顆粒鶏ガラスープの素…小さじ2
水…500ml
ナンプラー…小さじ2
こしょう…少々
ごま油…小さじ1

作り方

1 チンゲン菜はざく切りにする。

2 鍋に水と鶏ガラスープの素を入れて沸かし、1を加えて2分ほど煮る。ミニトマトを加えてひと煮立ちさせ、ナンプラーとこしょうで味を調える。

3 器に盛り、ごま油をたらす。

ほうれん草と いんげん豆の くたっと煮

余った野菜やパンをくたくたに煮込んだ
イタリアの素朴なスープ、リボリータ風です。

材料　2～3人分

ほうれん草…1/2株
白いんげん豆水煮缶…200g
玉ねぎ…1個
にんじん…1本
セロリ…1本
トマト水煮缶…1/2缶（200g）
にんにくのみじん切り…1かけ分
オリーブオイル…大さじ1
顆粒コンソメスープの素…小さじ1
塩…小さじ1/2
水…800ml
バゲット…15cm
パルミジャーノ・レッジャーノ…適量

作り方

1. ほうれん草はざく切りにする。玉ねぎ、にんじん、セロリは1cm角に切る。
2. 鍋ににんにくとオリーブオイルを入れて中火にかけ、香りが立ったら玉ねぎ、にんじん、セロリを加えて弱火で炒める。
3. 野菜がしんなりとして全体にオイルが回ったら、白いんげん豆とトマトを缶汁ごと、水、コンソメ、塩小さじ1/4を加えて弱火で20分ほど煮る。ほうれん草を加えてさらに10分ほど煮る。残りの塩で味を調え、バゲットをちぎって加えてさらに10分ほど煮る。
4. 器に盛り、パルミジャーノ・レッジャーノを削りかけてオリーブオイル少々（分量外）をたらす。

MEMO

玉ねぎ、にんじん、セロリといった香味野菜をじっくりと炒めたもの（＝ソフリット）が味のベースになっています。できたてもいいですが、いったん冷ましてから再び煮込むと味が馴染んでおいしいですよ。ズッキーニやカリフラワー、ケールなどお好みの野菜を入れてOKです。

豆のミネストローネ

目にも鮮やかなグリーンのミネストローネです。
生ハムとパルミジャーノ・レッジャーノが
野菜の味わいを引き立てます。

Reset Soup

材料 2人分

スナップえんどう…4本
グリーンピース（むき身）…40g
そら豆（むき身）…40g
セロリ…1/2本
グリーンアスパラガス…4本
生ハム…50g
にんにくのみじん切り…1かけ分
オリーブオイル…大さじ1
顆粒コンソメスープの素…小さじ2
水…600ml
塩…小さじ1/2
こしょう…少々
温泉卵…2個
パルミジャーノ・レッジャーノ…適量

作り方

1. スナップえんどうは筋を取り、2cm幅の斜め切りにする。そら豆は薄皮をむく。セロリは1.5cm四方に切る。アスパラガスは根元のかたい皮をむき、2cm長さに切る。生ハムは2cm四方に切る。

2. 鍋ににんにくとオリーブオイルを入れて中火にかけ、香りが立ったらセロリと生ハムを加えて炒める。

3. セロリがしんなりしたら、水を注いで沸かし、スナップえんどう、グリーンピース、そら豆、アスパラガスを加えてひと煮立ちさせ、コンソメ、塩、こしょうで味を調える。

4. 器に盛り、温泉卵をのせてパルミジャーノ・レッジャーノを削りかける。

MEMO

豆類は2～3種類を使うのがおすすめですが、揃わない場合はグリーンピースだけでもOK。食べ応えが欲しいときは、ショートパスタを加えてもおいしいです。

湯豆腐風 豆乳スープ

豆乳＆豆腐でつるんと食べられる
あっさりスープに
明太子でコクをプラス！

材料 2人分

豆乳（成分無調整）…300ml
白だし…大さじ3
絹ごし豆腐…1丁（300g）
水…100ml
小ねぎ…適量
［明太子だれ］
明太子…1/2腹
しょうゆ…小さじ1
ごま油…小さじ1

作り方

1. 小ねぎは小口切りにする。明太子は薄皮を除き、しょうゆとごま油を加えて和える。
2. 鍋に水、豆乳、白だし、豆腐を入れて中火にかけ、沸騰直前まで温める。
3. 器に盛り、明太子だれをかけて小ねぎを散らす。

MEMO

加熱せずに、ボウルに水、豆乳、白だしを合わせたら冷蔵室で冷やし、冷製スープにしてもおいしく楽しめます。

洋風かきたまスープ

セロリの香りとチーズのコクを
卵がまとめる、洋食に合うかきたまスープ。

材料 4人分

セロリ(枝葉部分)…1株分
卵…1個
パルメザンチーズ…大さじ1
サラダ油…大さじ2
顆粒コンソメスープの素…小さじ1
水…700ml
塩…少々
黒こしょう…少々

作り方

1 セロリは3cm長さに切る。小さなフライパンにサラダ油を入れて中火にかけ、セロリを加えてさっと炒めたらペーパータオルに取り、余分な油を除く。

2 ボウルに卵を割り入れ、パルメザンチーズを加えて混ぜ合わせる。

3 鍋に水とコンソメを入れて中火にかけ、沸騰したら1を加える。ひと煮立ちしたら、2の卵液を流し入れながら泡立て器でかき混ぜる。塩で味を調える。

4 器に盛り、黒こしょうをふる。

MEMO

卵液を加えるときに泡立て器で混ぜることで、ふわふわと細かいかきたまになります。食べ応えが欲しいときは、揚げ餅を入れてもよく合います。

和食に合う スープ

Japanese Soup

ご飯の相棒はおみそ汁だけじゃない！
おうち和食を引き立てます

和の献立に登場する汁物といえば、やはりおみそ汁ですが
家庭料理の和食はバリエーション豊かになっています。
それに伴い、汁物のレパートリーも増やしたいもの。
洋の食材を使っても、だし汁やしょうゆ、薬味など
どこかに和の要素を入れると、和食によく合うと思います。

肉吸い

お手頃な切り落とし肉を
使って、大阪の名物料理を。
ご飯と小鉢を添えるだけで、
気軽な定食が完成します。

材料 2〜3人分

牛切り落とし肉…150g
絹ごし豆腐…1/2丁
九条ねぎ…適量
A 白だし…80ml
酒…大さじ1
みりん…大さじ1
薄口しょうゆ…小さじ2
水…750ml
一味唐辛子…適量

MEMO

澄んだスープに仕上げるために、牛肉を下ゆでして余分なアクを除いています。一味唐辛子はお好みでどうぞ。すだちを絞ってもおいしいです。

作り方

1 牛肉は食べやすい大きさに切る。豆腐は3cm角に切る。九条ねぎは斜め切りにする。

2 小鍋に湯を沸かし、牛肉を入れてさっと混ぜ、肉の色が変わったらざるに上げる。

3 鍋にAをすべて入れて中火にかけ、沸騰したら2を加え、弱火にして5分ほど煮る。豆腐を入れ、豆腐が温まったら、九条ねぎを加えてひと煮立ちさせる。

4 器に盛り、一味唐辛子をふる。

れんこんのすりながし

れんこんをすりおろして、
さらりとやさしいのど越しに。
とろみがあるので冷めにくく、
ぽかぽか温まります。

材料 2人分

れんこん…150g
だし汁…400ml
酒…大さじ1
みりん…大さじ1
薄口しょうゆ…小さじ2
塩…小さじ1/4
切り餅…1個
小ねぎ…適量
しょうがのすりおろし…適量

作り方

1. れんこんは汚れを除き、皮ごとすりおろす。切り餅は6等分に切る。小ねぎは小口切りにする。
2. 鍋にだし汁を入れて中火にかけ、れんこんを汁ごと加えて混ぜながら煮る。とろみが出たら弱火にして、酒、みりん、薄口しょうゆ、塩で味を調え、さらに1分ほどかき混ぜながら煮る。
3. 切り餅はこんがりと焼く。器に2のスープを盛って餅をのせ、小ねぎを散らしてしょうがを添える。

MEMO

重たい食事が続いたとき、ちょっと小腹がすいたときなどの一食として、このスープだけでも満足感があります。お餅は少量の油を入れたフライパンで揚げ焼きにするのもおすすめ。油のコクが加わっておいしいです。

鶏もも肉とかぶの和風スープ

火が通りやすく、
クセがない味わいのかぶは好きな素材。
だしと鶏肉の旨みを煮含んで、
おいしさUP!

材料 2人分

鶏もも肉…250g
かぶ…4個
だし汁…600ml
酒…大さじ1
薄口しょうゆ…小さじ2
塩…小さじ1/2
黒七味…適量

作り方

1. 鶏肉は脂身を除き、ひと口大に切る。塩少々（分量外）を全体にふって馴染ませる。かぶは根と葉に切り分ける。根は皮をむいて縦4等分に切り、葉は3cm長さに切る。
2. 鍋に鶏肉を皮目を下にして入れ、中火にかける。皮に香ばしい焼き色がついたら裏返し、かぶを加えて炒め合わせる。
3. だし汁を注ぎ、沸騰したら弱火にして8～10分煮る。かぶの葉を加えてひと煮立ちさせ、酒、薄口しょうゆ、塩で味を調える。
4. 器に盛り、黒七味をふる。

MEMO

葉つきのかぶを使うことで、じゅわっと柔らかい根部分とシャキシャキの葉を楽しめます。鶏肉はまず皮目をしっかり焼きつけて、香ばしい旨みを引き出して。

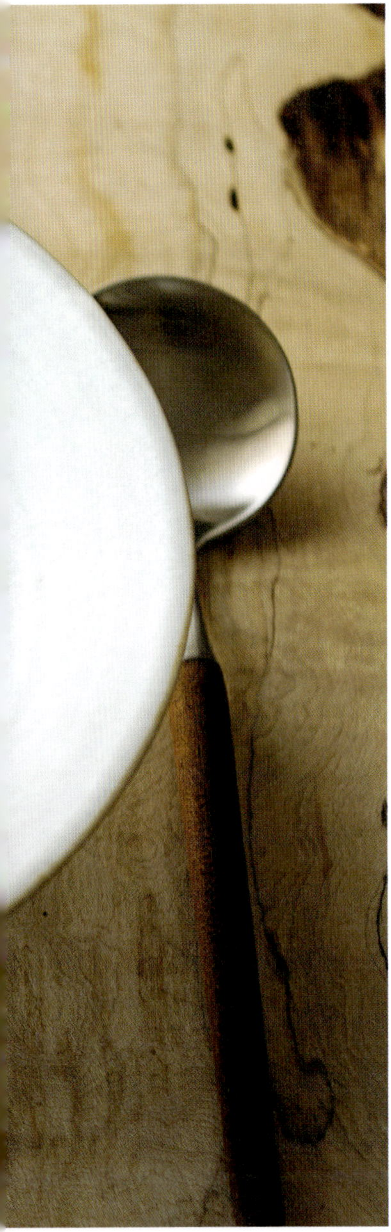

新玉ねぎの丸ごと和風スープ煮

コンソメベースとはひと味違う、
玉ねぎスープを楽しみたくて作りました。
和だし仕立ての澄んだスープに、
梅干しが味を引き締めます。

材料 2人分

新玉ねぎ…2個
だし汁…400ml
梅干し…1個
薄口しょうゆ…小さじ1
塩…小さじ1/2

作り方

1 新玉ねぎは上下を切り落とし、根元に十字の切り込みを入れる。根元を下にして耐熱容器に並べ入れ、ラップをふんわりかけて600Wの電子レンジで8分ほど加熱する。

2 鍋に1とだし汁を入れ、落としぶたをして中火にかける。沸騰したら梅干しを加え、弱火にして10分ほど煮る。薄口しょうゆと塩で味を調える。

3 器に盛り、オリーブオイル少々（分量外）をたらす。

MEMO

梅干しの塩味がある場合は、薄口しょうゆを加えなくてもOKです。味をみて加減してください。

冷たいスープ

Cold Soup

みずみずしさが体をすっと流れるような
ひんやりスープは夏のお楽しみ

訪れたレストランのメニューにあれば、
必ずオーダーするほど大好きな冷製スープ。
暑い時季は、体をクールダウンしてくれるような
ひんやりとした口当たりが味の要だから
食べる直前までしっかり冷やしておきたいもの。

かぼちゃの冷製スープ

ほくほくかぼちゃの甘さをぎゅっと濃縮。
家族みんなが好きな、クリーミーなおいしさ。

材料 2人分

かぼちゃ…300g
玉ねぎ…1/2個
バター…大さじ1
顆粒コンソメスープの素…小さじ1
ローリエ…1枚
牛乳…200ml
生クリーム…50ml
水…300ml
塩…少々
こしょう…少々

MEMO

ほっくりと甘い、旬のかぼちゃをぜひ使って。時季外れの場合は、冷凍食品のかぼちゃを使ってもおいしくできると思います。

作り方

1 かぼちゃは皮をむいて種を除き、1cm厚さに切る。玉ねぎは薄切りにする。

2 鍋にバターを入れて中火にかけ、玉ねぎを加えて炒める。玉ねぎが透き通ったら、かぼちゃを加えてさらに炒める。

3 水、コンソメ、ローリエを加え、沸騰したら弱火にする。かぼちゃが柔らかくなったら火を止め、ローリエを取り出して粗熱を取る。

4 3をミキサーに入れ、なめらかになるまで撹拌する。ボウルに移し、牛乳と生クリームを加えて混ぜ合わせる。塩とこしょうで味を調え、冷蔵室で冷やす。

5 器に盛り、生クリーム適量（分量外）を回しかける。

トマトジュース ガスパチョ

暑いシーズンはゴクゴクと
飲み干したい！
フレッシュな野菜の風味が広がります。

材料 2人分

トマトジュース（無塩）…500ml
きゅうり…1/2本
赤パプリカ…1/2個
セロリ…10cm
紫玉ねぎ…1/8個
バゲット…5cm
ホワイトバルサミコ酢…大さじ2
にんにくのすりおろし…少々
オリーブオイル…大さじ4
塩…小さじ1

作り方

1. きゅうりは皮をむいて種を除く。パプリカは種を除き、ざく切りにする。セロリと紫玉ねぎはざく切りにする。トッピング用に、きゅうり、パプリカ、紫玉ねぎの適量（分量外）を細かい角切りにする。
2. バゲットはクラスト（皮）を除いてちぎり、ホワイトバルサミコ酢に浸す。
3. トッピング以外の材料をすべてミキサーに入れ、なめらかになるまで撹拌する。ボウルに移し、冷蔵室で冷やす。
4. 器に盛り、トッピングの野菜を散らす。

MEMO

バゲットはとろみをつけるために加えています。ホワイトバルサミコ酢がなければ、お酢と砂糖（またははちみつ）で代用してOK。スイカを加えると爽やかさが増して、またおいしい味わいに。その場合、にんにくは抜くのがおすすめです。

ヴィシソワーズ コンソメゼリー添え

冷たいスープの代表格と言えば、やはりコレ！
キラキラのジュレを添えて、ぐっと涼しげに。

材料 2人分

じゃがいも…中2個（110g）
玉ねぎ…1/2個
バター…大さじ1（10g）
顆粒コンソメスープの素…小さじ2
牛乳…100ml
生クリーム…100ml
水…200ml
塩…小さじ1/2
こしょう…少々
小ねぎ…適量
［コンソメゼリー］作りやすい分量
コンソメスープ缶…200ml
粉ゼラチン…3g
水…大さじ1

MEMO
コンソメスープ缶を使ってゼリーを作っておくと、スープはもちろん、さまざまな冷菜にプラスできて便利です。

作り方

1 じゃがいもは皮をむいて薄切りにして、水にさらして水けを切る。玉ねぎは薄切りにする。小ねぎは小口切りにする。

2 鍋にバターを入れて中火にかけ、玉ねぎを加えて炒める。玉ねぎが透き通ったら、じゃがいもを加えてさらに炒める。

3 水とコンソメを加え、沸騰したらアクを除いて弱火にする。じゃがいもが柔らかくなったら火を止め、粗熱を取る。

4 3をミキサーに入れ、なめらかになるまで撹拌する。ボウルに移し、牛乳と生クリームを加えて混ぜ合わせる。塩とこしょうで味を調え、冷蔵室で冷やす。

5 コンソメゼリーを作る。粉ゼラチンは水にふり入れ、ふやかす。小鍋にコンソメスープ缶を入れて中火にかけ、沸騰直前になったらゼラチンを溶かし入れる。粗熱が取れたらバットなどに移し、冷蔵室で冷やし固める。

6 4のスープを器に盛る。5のコンソメゼリーをスプーンで崩してのせ、小ねぎを散らす。

桃の冷製スープ

限られた時季にしか味わえない、
極上のぜいたく。
優しい桃の風味が心地よく広がります。

材料 2人分

桃…1個(250g)
顆粒コンソメスープの素…小さじ1/2
A 牛乳…100ml
生クリーム…50ml
プレーンヨーグルト…大さじ3
レモン汁…大さじ1
湯…50ml
塩…少々
こしょう…少々
ミントの葉…適量

作り方

1. 桃は皮をむいてざく切りにする。コンソメは湯に溶かす。
2. 1とAをミキサーに入れ、なめらかになるまで撹拌する。ボウルに移し、塩とこしょうで味を調え、冷蔵室で冷やす。
3. 器に盛り、ミントをのせる。

MEMO

桃の状態によって甘さが足りなければ、砂糖もしくははちみつを加えて調整してください。

MEMO

柔らかく完熟したアボカドを使ってください。デュカの香りや食感がアクセントになるので、手に入ればぜひトッピングを。

アボカドの冷製スープ

火を使わないで材料を撹拌するだけなので、
暑い時季にもぴったり。

材料　2人分

アボカド…1個
レモン汁…小さじ1
顆粒コンソメスープの素…小さじ1/2
牛乳…150ml
湯…100ml
塩…少々
こしょう…少々
デュカ…適量

作り方

1 アボカドは種と皮を除き、適当な大きさに切ってレモン汁をふる。コンソメは湯に溶かす。

2 1と牛乳をミキサーに入れ、なめらかになるまで撹拌する。ボウルに移し、塩とこしょうで味を調え、冷蔵室で冷やす。

3 器に盛り、デュカを散らす。

PART 2

サラダ

SALAD

旬のおいしさが満載！
彩りよい一皿に、
目も舌もよろこびます

新鮮な野菜をとことん楽しみたいときは、味わいや香り、
食感を生かせるサラダ一択！
食べ応えある肉や魚、お手軽な麺や丼ものにサラダをプラスすると、
それぞれが引き立て合っておいしさが倍増、大満足な献立になるのです。

ミックスリーフがおいしくなるドレッシング

Dressing

手早く作れる自家製ドレッシングで
サラダのレパートリーが広がる

我が家ではドレッシングは〝作るもの〟。
酸味がしっかり効いたものが好きなので、
一般的なレシピより酢を多めにしています。
シンプルな葉野菜のサラダでも、ドレッシングが
替われば新たな一皿として楽しめます。

トマトドレッシング

メキシコ料理の「サルサ」をイメージして
ざくざくトマトでフレッシュに！

材料 作りやすい分量

トマト…1個
玉ねぎ…1/4個
酢…大さじ1
しょうゆ…小さじ2
砂糖…小さじ1
塩…小さじ1/4
こしょう…少々
米油…大さじ2

作り方

トマトは8㎜角に切る。玉ねぎはみじん切りにして水にさらし、しっかりと水けを絞る。ボウルに材料をすべて入れ、混ぜ合わせる。

MEMO

野菜はもちろん魚介にも合うので、グリルした白身魚、ゆでたイカや貝類などにかけてどうぞ。刻んだ唐辛子を加えたり、ライムを絞ったりとアレンジして楽しむこともあります。

スイートコーンドレッシング

コーンクリーム缶のやさしい甘さに
ちょっぴりマスタードの辛みを効かせて

材料 作りやすい分量

コーンクリーム缶…150ml
酢…大さじ1
マスタード…小さじ2
玉ねぎのすりおろし…小さじ2
塩…小さじ1/2
こしょう…少々
米油…大さじ3

作り方

ボウルに米油以外の材料を入れてよく混ぜ、泡立て器で混ぜながら米油を少しずつ加える。

MEMO

お好みの辛さに合わせて、マスタードの量を調整いただいてOKです。P95の「きのことベーコンのサラダ」に使ったように、こんがりと焼いたきのこやベーコンによく合います。

にんじんドレッシング

にんじんの風味を
存分に生かした
多彩なサラダに合う、
万能ドレッシング。

材料 作りやすい分量

にんじん…1本
玉ねぎ…1/8個
酢…大さじ2
しょうゆ…小さじ1
砂糖…小さじ1
塩…小さじ1/2
こしょう…少々
米油…大さじ3

作り方

にんじんと玉ねぎはざく切りにする。材料をすべてミキサーに入れ、なめらかになるまで撹拌する。

MEMO

シャキシャキと食感のよい野菜サラダにおすすめです。フルーティーな味わいにしたいときは、材料にりんごを加えてもおいしいですよ。

玉ねぎ
ドレッシング

玉ねぎを主役に
コクをプラスして
洋食屋さん風の味わいにしました。

材料 作りやすい分量

玉ねぎ…1/4個
酢…大さじ1
にんにくのすりおろし…少々
砂糖…小さじ1
塩…小さじ1/2
米油…大さじ3

作り方

玉ねぎは角切りにする。材料をすべてミキサーに入れ、なめらかになるまで撹拌する。

MEMO

P96の「ビーフサラダ」に使ったようにお肉にも相性抜群！ トマトやにんじんの単品サラダにもおすすめですよ。

粒マスタードドレッシング

これぞ、我が家の定番ドレッシング！
味に深みを出すしょうゆがポイント。

材料 作りやすい分量

粒マスタード…小さじ2
酢…大さじ1
しょうゆ…小さじ2
塩…小さじ1/4
こしょう…少々
オリーブオイル…大さじ3

作り方

ボウルにオリーブオイル以外の材料を入れてよく混ぜ、泡立て器で混ぜながらオリーブオイルを少しずつ加える。

MEMO

いんげんとクレソン、マッシュルームをこのドレッシングで和えたサラダは、我が家では長年の定番メニュー。ゆでダコとじゃがいもにかけるだけでも、ちょっとした前菜に。

野菜ひとつのサラダ

One Vegetable

ハーブの風味を効かせることで
味わいの強い野菜をとことん生かす

素材そのものに力がある旬野菜なら
単品でサラダとして楽しむのが好きです。
その個性をぐっと引き立てるために
香り高いハーブと組み合わせました。
シンプルだから食べ飽きない点も魅力です。

きゅうりとディルのサラダ

カリッと食感のよいきゅうりに、ディルの香りを効かせました。
箸休めにも最適な、さっぱりとした味わいです。

材料 2人分

きゅうり…2本
ディル…3枝
A オリーブオイル…大さじ2
レモン汁…大さじ1
ナンプラー…小さじ1
にんにくのみじん切り…少々
塩…少々
こしょう…少々

作り方

1 きゅうりはへたを除き、ピーラーで縞目状に皮をむいて1.5cm厚さの輪切りにする。

2 ボウルにAを混ぜ合わせ、1とちぎったディルを加えて和える。

3 器に盛り、ディル適量(分量外)をのせる。

MEMO

きゅうりの歯ざわりがよく、食べ応えが出るので、我が家ではパスタのお供によく作る一品です。きゅうりを薄切りにして作ると、サンドイッチの具としても楽しめます。

トマトのサラダ

イタリア料理の定番、トマトとバジルは
相性抜群の組み合わせ。
ドレッシングに加えた砂糖が、
味に深みを与えてくれる隠し味です。

材料 2人分

トマト…3個
塩…少々
A 紫玉ねぎのみじん切り…1/4個分
　オリーブオイル…大さじ2
　赤ワインビネガー…小さじ1
　バルサミコ酢…小さじ1
　砂糖…小さじ1
　塩…小さじ1/2
　こしょう…少々
バジルの葉…適量

作り方

1 トマトはくし形切りにして塩をふり、冷蔵室に入れて冷やしておく。

2 ボウルにAを混ぜ合わせ、1を加えて和える。

3 器に盛り、バジルの葉を散らす。

MEMO

ドレッシングのオイルとビネガー類を、米油・しょうゆ・酢に替えて、バジルを青じそに変更すれば和風にアレンジできます。

蒸しなすの中華風サラダ

トロリと柔らかいなすは
いくらでも食べられそう!
お酢としょうがの味わいが食欲をそそり、
夏バテのときにも◎。

材料 4人分

なす…4本
塩…少々
A ごま油…大さじ1
酢…大さじ1
しょうゆ…小さじ2
ナンプラー…小さじ1
しょうがのすりおろし…小さじ2
砂糖…小さじ1/2
パクチー…適量

作り方

1 なすはへたを除き、縦4等分に切って水にさっとさらす。湯気の上がった蒸し器に入れて10分ほど蒸し、塩をふる。

2 1をバットに並べ、混ぜ合わせたAを回しかけて10分ほどおく。

3 器に盛り、ちぎったパクチーをのせる。

MEMO

なすが蒸し上がったらすぐに、切った面を中心に塩をふるのがポイント。かけだれの味がしっかり入るようになります。蒸し器がない場合は、なすを耐熱皿に入れてふんわりとラップをかけ、電子レンジで加熱してください。

グリルズッキーニのサラダ

こんがり焼いたズッキーニは、ジューシーなおいしさがあふれます。ミントとクミンが香るヨーグルトドレッシングで中近東風に。

材料 4人分

ズッキーニ…2本
塩…少々
オリーブオイル…大さじ1
A ギリシャヨーグルト…大さじ3
　レモン汁…大さじ1
　にんにくのすりおろし…小さじ1/2
　塩…小さじ1/2
　クミンパウダー…少々
ミントの葉…10枚

作り方

1 ズッキーニはへたを除き、1cm厚さの輪切りにして表面に塩をふり、しばらくおく。出た水分をふき取り、オリーブオイルをかけて全体に絡める。

2 フライパンに1を並べ入れて中火にかけ、両面を香ばしく焼く。

3 Aを混ぜ合わせ、細かく刻んだミントを加えてひと混ぜする。

4 器に2を盛り、3をかけてミント適量（分量外）をのせる。

MEMO

水けを取り除いたズッキーニにオリーブオイルを絡めてから焼くことで、パサつかずにジューシーな仕上がりになるので、このひと手間は欠かさずに。ギリシャヨーグルトがない場合は水切りしたヨーグルトを使ってください。

アボカドの ゆずこしょうサラダ

意外な好相性のアボカド×みょうがは
お気に入りの組み合わせ。
ピリッとしたゆずこしょうが
味を引き締めてくれます。

材料 2人分

アボカド…1個
みょうが…2個
A 太白ごま油…大さじ1
酢…大さじ1
だししょうゆ…大さじ1
しょうゆ…小さじ2
砂糖…小さじ1
ゆずこしょう…小さじ1
かいわれ菜…適量

作り方

1 アボカドは種と皮を除き、縦半分に切ってから1cm厚さに切る。みょうがは縦半分に切ってから千切りにし、水にさらして水けを切る。

2 ボウルにAを混ぜ合わせ、1を加えて和える。

3 器に盛り、根元を除いたかいわれ菜をのせる。

MEMO

マグロの刺身やカツオのたたきを加えると、ごちそう感のあるサラダになります。そのときは、味をみながらしょうゆの量を増やして調整してください。

デリサラダ

Deli-Style Salad

テーブルに彩りを運ぶおつまみにも
ストックおかずにもなる優れもの

ビールやワインによく合うので
数品を作っておくと、食事が出揃う前の
おつまみとして、ちょっと一杯が楽しめます。
お弁当にもう一品が欲しいと思ったとき、
彩りを添えるおかずとしても重宝しますよ。

紫キャベツのマリネ

シャキシャキのキャベツを甘酸っぱく仕上げて。
色鮮やかな紫があると、食卓がおしゃれに！

材 料　2人分

紫キャベツ…1/2個（300g）

［マリネ液］

- 酢…大さじ1
- レモン汁…小さじ1
- オリーブオイル…大さじ1
- はちみつ…小さじ2
- 塩…小さじ1/2
- こしょう…少々

作り方

1 紫キャベツは繊維を断つように千切りにする。塩少々（分量外）をふってもみ、10分ほどおいて水けを絞る。

2 ボウルにマリネ液の材料をすべて入れ、泡立て器で混ぜ合わせる。

3 1を加え、しっかりと和えて器に盛る。

MEMO

カレーのつけ合わせやお弁当にもおすすめ。同系色のブルーベリーやぶどうを加えると、彩りを生かしつつフルーティーな味わいに。

柑橘入り キャロットラペ

デリサラダを代表する、
お馴染みの一品。
しりしり器を使うのが
ariko流です。

材料 2人分

にんじん…大1本
オレンジ…1個
レーズン…大さじ1
［ドレッシング］
オレンジの絞り汁…大さじ1
白ワインビネガー…大さじ1
オリーブオイル…大さじ2
塩…小さじ1/4
こしょう…少々

作り方

1. にんじんはスライサーなどで千切りにする。塩少々（分量外）をふり、しんなりしたら水けを軽く絞る。
2. オレンジは皮をむいて房から実を取り出し、大きければひと口大に切る。ドレッシング用の果汁を絞っておく。
3. ボウルにドレッシングの材料をすべて入れ、泡立て器で混ぜ合わせる。
4. 1、オレンジ、レーズンを加え、しっかりと和えて器に盛る。

MEMO
にんじんの千切りは「しりしり器」を使うと、断面が粗くなって味が染みやすくなるのでおすすめです。砕いたくるみをかけるとアクセントになるので、お好みでどうぞ。

ブロッコリー、えび、ゆで卵のデリサラダ

ごろごろ具材がたっぷり、食べ応え満点！
練乳入りマヨでこっくりまろやかに。

材料 2人分

ブロッコリー…1/2株
むきえび…80g
ゆで卵…2個
紫玉ねぎ…1/4個
A マヨネーズ…大さじ2
　練乳…小さじ2
　レモン汁…小さじ1
　こしょう…少々

作り方

1 ブロッコリーは小房に分ける。茎は表面の硬い皮をむき、8mm厚さに切る。紫玉ねぎはみじん切りにする。ゆで卵は縦4等分に切る。

2 鍋に塩大さじ2（分量外）を入れた湯を沸かす。ブロッコリーを入れ、2分ほどゆでてざるに上げる。同じ鍋にえびを入れ、さっとゆでてざるに上げ、大きければひと口大に切る。

3 ボウルに紫玉ねぎとAを入れて混ぜ合わせる。

4 2を加えてしっかりと和え、さらにゆで卵を加えてざっくりと混ぜ合わせて器に盛る。

MEMO

ゆでたブロッコリーは、つぼみ部分に入り込んだ水分をしっかりと切ることがポイント。水けが残っていると味を損ねるだけでなく、傷みやすくなります。

蒸し長ねぎのヴィネグレット

とろんと柔らか、甘みを引き出したねぎは、
キリリと冷えた白ワインにぴったりです。

材料 2人分

長ねぎ…2本
[ヴィネグレットソース]
白ワインビネガー…小さじ2
フレンチマスタード…小さじ1
にんにくのすりおろし…少々
オリーブオイル…大さじ2
塩…小さじ1/4
こしょう…少々
ピンクペッパー…適量

作り方

1 長ねぎは8cm長さに切る。小鍋に塩小さじ2（分量外）を入れた湯を沸かし、長ねぎを加える。柔らかくなるまで弱火で10分ほど煮て、ざるに立てて上げ、しっかりと水けを切る。

2 ボウルにヴィネグレットソースの材料をすべて入れ、泡立て器で混ぜ合わせる。

3 器に1を並べ入れ、ヴィネグレットソースをかけてピンクペッパーを散らす。

MEMO
西洋ねぎ「リーキ」をよく使うデリメニュー。下仁田ねぎなど、白い部分が太いねぎで作るのがおすすめです。

さつまいもと
クリームチーズのサラダ

甘いさつまいもと香ばしいベーコンを
ほどよい酸味のハニーマスタード風味に。

材料 2人分

さつまいも…200g
クリームチーズ…50g
ベーコン…3枚
粒マスタード…小さじ2
はちみつ…小さじ2
塩…小さじ1/2
黒こしょう…少々

作り方

1 さつまいもは両端を切り落とし、皮をむかずに縦半分に切ってから1.5cm厚さに切り、水にさらす。鍋に入れ、ひたひたの水を加えて中火にかける。柔らかくなるまで10分ほどゆでてざるに上げ、粗熱を取る。

2 ベーコンは1cm幅に切る。フライパンでカリカリになるまで炒め、ペーパータオルに取り出して余分な脂を取る。

3 ボウルに粒マスタード、はちみつ、塩を入れて混ぜ合わせる。

4 1を加えてしっかりと和え、さらに2とちぎったクリームチーズを加えて混ぜ合わせる。

5 器に盛り、黒こしょうをふる。

MEMO

脂がべたつくと味が半減します。ベーコンは焦がさないようにじっくりと炒めて脂を出して、カリッと仕上げてください。

Deli-Style Salad

おかずサラダ

Side Dish Salad

主菜と副菜を兼ね備えた一皿で
肉も魚も、野菜もしっかり食べたい！

お互いを引き立てる、肉料理・魚料理と
サラダをワンプレートにしました。
「メインディッシュをよりおいしく」
「サラダにもっと食べ応えが欲しい」という
食いしんぼうの思いを満たしてくれます。

きのことベーコンのサラダ

ほんのり甘いコーンが
うれしいサラダは
熱々きのことひんやりグリーンの
組み合わせを楽しんで。

材料 2人分

しめじ…1/2パック
まいたけ…1/2パック
マッシュルーム…1/2パック
エリンギ…2本
ベーコン…3枚
ミックスグリーン…1袋
オリーブオイル…大さじ1
ホールコーン缶…大さじ3
スイートコーンドレッシング
（P71参照）…大さじ3〜4

MEMO

フライパンにきのこを加えたら、あまり触らないのがポイント。箸などで押さえながら焼きつけることで、水分が出てしんなりせずに、香ばしい仕上がりになります。スパゲティ専門店のサラダを真似っこしてみた一品は、やはり和風パスタによく合います！

作り方

1 ミックスグリーンは水にさっと浸し、傷んだ葉があれば除く。水けを切ってペーパータオルに包み、保存用ポリ袋に入れて冷蔵室でパリッとするまで冷やしておく。

2 しめじとまいたけは石づきを除き、小房に分ける。マッシュルームは縦4等分に切る。エリンギは長さを2〜3等分に切ってから、縦4〜6等分に切る。ベーコンは1.5cm幅に切る。

3 フライパンにオリーブオイルとベーコンを入れて中火にかける。ベーコンから脂が出始めたら、きのこ類をすべて入れて強めの中火で香ばしく焼きつけ、塩とこしょう少々（ともに分量外）で味を調える。

4 器に1を盛り、3をのせる。スイートコーンドレッシングをかけて、コーンの粒を散らす。

ビーフサラダ

甘辛味の牛肉と彩り野菜のコンビネーション。
子どもから大人まで、
胃袋をつかまれること間違いなし！

材料 2人分

牛切り落とし肉…150g
A しょうゆ…大さじ1
酒…大さじ1
はちみつ…大さじ1
コチュジャン…小さじ2
にんにくのすりおろし…小さじ1
しょうがのすりおろし…小さじ1
ごま油…小さじ1
サラダ油…小さじ2
白いりごま…適量
にんじん…1/2本
黄パプリカ…1/2個
きゅうり…1本
セロリ…1/2本
レタス…2〜3枚
玉ねぎドレッシング(P72参照)…大さじ3

作り方

1. 牛肉は食べやすい大きさに切り、ボウルに入れてAを加えてもみ込む。
2. にんじんはスライサーなどで千切りにする。パプリカは種とへたを除き、8mm幅の細切りにする。きゅうりとセロリはパプリカと同じ長さの細切りにする。
3. フライパンにサラダ油を入れて中火にかけ、1を広げ入れる。両面を焼きつけ、いりごまをふる。
4. 器にレタスを敷き、2と3を盛り合わせ、玉ねぎドレッシングをかける。

MEMO

とあるカレー店のサイドメニューとして出合ったサラダをヒントに、我が家流の味で作ってみました。細切り野菜の食感がよく、甘辛く仕上げた牛肉との相性も抜群です。

シーザーサラダ グリルチキン添え

シャキシャキのロメインレタスと
ごろごろチキン。
マヨベースのドレッシングで、
皆が大好きな味わいに。

材料 2人分

ロメインレタス…1/2個
鶏もも肉…1枚
A マヨネーズ…大さじ2
レモン汁…小さじ2
オリーブオイル…小さじ2
パルミジャーノ・レッジャーノの
すりおろし…大さじ1
塩…少々
黒こしょう…少々
パルミジャーノ・レッジャーノ…適量

作り方

1. ロメインレタスは縦半分に切る。**A**はすべての材料を混ぜ合わせる。
2. 鶏肉は余分な脂身を除き、重さの1%量の塩（分量外）をふってしばらく馴染ませてから、こしょう少々（分量外）をふる。冷たいフライパンに皮目を下にして入れて、弱めの中火にかける。上からフライパンより小さい鍋などをのせて押さえながらじっくりと焼き、皮に香ばしい焼き色がついたら、裏返して中火で3～5分焼く。
3. 鶏肉を取り出し、アルミホイルで包んで5分ほど休ませてから、ひと口大に切る。
4. 器にロメインレタスを盛り、**3**をのせて**A**をかける。パルミジャーノ・レッジャーノを削りかけ、黒こしょう少々（分量外）をふる。

MEMO

アメリカンダイナーの定番メニューに鶏肉のグリルをプラスしてボリュームアップ！ ドレッシングに加えたパルミジャーノ・レッジャーノが手に入らない場合、粉チーズで代用できます。

鯛のグリルサラダ

お馴染みのグリル料理が見栄え◎の一品に。
シンプルな味つけで、
魚介×野菜のおいしさを引き立てます。

材料 2人分

真鯛(切り身)…2切れ
塩…少々
こしょう…少々
リーフレタス…4枚
アンディーブ…4枚
紫玉ねぎ…1/4個
ラディッシュ…2個
レモンの輪切り…2枚
バルサミコ酢…大さじ1と1/2
オリーブオイル…大さじ2

作り方

1 鯛は塩を軽くふって10分ほどおき、出た水けをペーパータオルでふき取り、こしょうをふる。

2 リーフレタスは食べやすくちぎる。紫玉ねぎは薄切りにして水にさっと浸して水けを切る。ラディッシュは葉を切り落とし、縦半分に切る。

3 フライパンにオリーブオイル大さじ1(分量外)を入れて中火にかけ、1を皮目を下にして並べ入れる。皮に香ばしい焼き色がついたら、裏返して2～3分焼く。

4 器にリーフレタスとアンディーブを敷き、3をのせる。紫玉ねぎ、ラディッシュ、レモンを散らし、バルサミコ酢とオリーブオイルを回しかける。塩とこしょう適量(ともに分量外)をふって味を調える。

MEMO

よく訪れていたイタリア料理店での一皿をイメージしました。真鯛の代わりに、カジキマグロやサーモン、お好きな白身魚でもおいしく楽しめると思います。もちろん野菜もお好みのものを使っていただいてもOKです。

豚しゃぶ肉のタイ風サラダ

豚しゃぶ肉を使った、爽快な辛さの一品。
香り豊かな野菜をたっぷり、エスニックな食卓を！

材料　2人分

豚バラ肉（しゃぶしゃぶ用）…150g
きゅうり…1本
ミニトマト…6個
ホワイトセロリ…1束
小ねぎ…4本
紫玉ねぎ…1/4個
パクチー…2株
A レモン汁…大さじ2
　ナンプラー…大さじ2
　砂糖…大さじ1強
　にんにくのみじん切り…小さじ1/2
　赤唐辛子（小口切り）…1〜2本
ピーナッツ…適量

作り方

1 きゅうりは縦半分に切ってからスプーンで種をかき出し、斜め薄切りにする。ミニトマトは半分に切る。ホワイトセロリと小ねぎは4cm長さのざく切りにする。紫玉ねぎは薄切りにする。パクチーはざく切りにする。

2 Aはすべての材料を混ぜ合わせる。

3 鍋に湯を沸かし、豚肉をほぐし入れる。肉の色が変わったら、火を止めてボウルに取り出し、Aをかけてよく絡める。1を加えて全体をざっくりと混ぜる。

4 器に盛り、ピーナッツを砕いて散らす。

MEMO

牛肉で作るタイのサラダ「ヤムヌア」を豚しゃぶ肉でアレンジしました。油を使っていないのでさっぱりと味わえます。青唐辛子が手に入れば、赤唐辛子の代わりに使うとフレッシュな辛さがぐっと際立ちます。種を除いて、細かく刻んでから加えてください。

ポテトサラダ

Potato Salad

皆が大好きな家庭料理だからこそ
どんな献立にも合う多彩なレシピを

ポテサラは、誰にとっても親しみやすい
家庭料理の定番メニューだから
バリエーションがあると楽しいもの。
マヨネーズや酢、サワークリームといった
酸味を合わせてベースにしています。

基本のポテトサラダ

まずはシンプルに。
アレンジもしやすく
どんなメインにも合う
副菜になります。

材料　2人分

じゃがいも…2個
きゅうり…1本
玉ねぎ…1/4個
酢…小さじ2
マヨネーズ…大さじ5
牛乳…大さじ1
塩…少々
こしょう…少々

MEMO

この基本を覚えておくと、ツナやベーコン、ゆで卵を加えるなどのアレンジが楽しめます。プロセス1のじゃがいも調理で電子レンジを使用する場合、皮ごと洗って水けがついたままラップで1個ずつ包み、600Wで6分ほど加熱してください。

作り方

1. じゃがいもは竹串がすっと通るまでゆでるか蒸す。きゅうりは薄めの輪切りにする。玉ねぎは縦半分に切って薄切りにする。
2. 小さいボウルにきゅうりと玉ねぎを入れ、塩少々（分量外）をふって馴染ませる。出た水けを絞り、酢を加えて和える。
3. じゃがいもは熱いうちに皮をむき、別のボウルに入れて潰す。2、マヨネーズ、牛乳を加えて混ぜ合わせる。
4. 塩とこしょうで味を調え、器に盛る。

クレソンとベーコン、クリームチーズ入りポテトサラダ

クレソンの風味とベーコンの香ばしさで
おつまみ感覚で楽しめるサラダです。

材料 2人分

じゃがいも…2個
クレソン…1束
ベーコン…3枚
クリームチーズ…大さじ3
マヨネーズ…大さじ2
塩…少々
黒こしょう…少々

MEMO

クレソンの代わりにルッコラ、さっとゆでた菜の花や春菊など、クセのある青菜を使ってもおいしいです。

作り方

1 じゃがいもは竹串がすっと通るまでゆでるか蒸す。クレソンはざく切りにする。

2 ベーコンは1cm幅に切る。フライパンでカリカリになるまで炒め、ペーパータオルに取り出して余分な脂を取る。

3 じゃがいもは熱いうちに皮をむき、ボウルに入れて潰す。粗熱が取れたら、クリームチーズとマヨネーズを加えて混ぜ、塩で味を調える。クレソンと2を加え、ざっくりと混ぜる。

4 器に盛り、黒こしょうをふる。

タコといんげんの アンチョビ風味

厚めにカットしたじゃがいもに
相性の良いアンチョビの
旨みをまとわせて。

材料 2人分

じゃがいも…2個
ゆでダコ…150g
いんげん…1パック
［アンチョビドレッシング］
アンチョビペースト…小さじ1
紫玉ねぎのみじん切り…1/4個分
白ワインビネガー…大さじ1と1/2
オリーブオイル…大さじ2
こしょう…少々

作り方

1 じゃがいもは皮をむいて2cm厚さに切り、竹串がすっと通るまでゆでる。タコは1cm厚さに切る。いんげんは塩ゆでにして4cm長さに切る。

2 ボウルにドレッシングの材料をすべて入れ、泡立て器で混ぜ合わせる。

3 1を加えてざっくりと和え、器に盛る。

MEMO

アンチョビは手軽なペーストを使いました。細かく刻んだアンチョビフィレでもOKです。

千切りじゃがいもの中華風サラダ

シャキシャキの食感がやみつきに！
おうち中華の楽しみが広がる名脇役です。

材料 2人分

じゃがいも…2個(150g)
A ごま油…大さじ1
酢…小さじ1
白だし…小さじ1
塩…小さじ1/4
パクチー…適量

MEMO

シャキシャキとしたじゃがいもが味の決め手。できるだけ細い千切りにして、水にさらす＆流水で洗うことで、でんぷん質をしっかりと落とすのがポイントです。

作り方

1 じゃがいもは皮をむいて千切りにする。たっぷりの水に10分ほどさらし、ざるに上げる。パクチーはざく切りにする。

2 じゃがいもをざるの上に広げ、熱湯を回しかける。透き通ったら流水で洗い、水けを絞る。

3 ボウルにAを入れて混ぜ合わせ、2を加えて和える。

4 器に盛り、パクチーを散らす。

サワークリーム
マッシュポテトと
サーモンのサラダ

盛りつけを華やかなスタイルにして
ホムパにも活躍するハレの日メニューに。

材料 2人分

じゃがいも…2個
サワークリーム…大さじ3
塩…少々
こしょう…少々
スモークサーモン…60g
いくら…大さじ2
ディル…適量

作り方

1 じゃがいもは竹串がすっと通るまでゆでるか蒸す。熱いうちに皮をむき、ボウルに入れてなめらかになるまで潰す。

2 1の粗熱が取れたら、サワークリームを加えて混ぜ合わせ、塩とこしょうで味を調える。

3 器に盛り、スモークサーモンといくらをのせ、ディルを添える。

MEMO

サーモン・じゃがいも・サワークリームという好相性の素材を合わせて、北欧風のメニューに。いくらは手に入らなければ省略してOK。お好みでグリーンリーフを添えても◎です。

フルーツ合わせのサラダ

Fruit Salad

フレッシュな果実ならではの
みずみずしさがあふれる、爽やかな一皿

フルーツを料理に使うのが好きです。
心がけているのは、フルーツの甘さに
酸味・塩味をプラスして、メリハリを出すこと。
色合いも楽しいフルーツ入りサラダは
食卓を格上げしてくれるオードブルに最適！

パイナップルとパクチーのサラダ

パインとパクチーが意外なほどの好相性。
エスニックなメニューのお供におすすめ。

材料 2人分

パイナップル…小1/2個
パクチー…1株
A 紫玉ねぎのみじん切り…大さじ2
　レモン汁…大さじ2
　ナンプラー…大さじ1
　米油…大さじ1
　砂糖…大さじ1
　しょうがのすりおろし…小さじ1
　こしょう…少々

作り方

1 パイナップルは縦3等分に切ってから皮をむき、ひと口大に切る。パクチーは葉と茎に分け、葉はざく切りに、茎は5㎜長さに刻む。

2 ボウルにAを入れて混ぜ合わせ、パイナップルとパクチーの茎を加えて和える。

3 器に盛り、パクチーの葉を散らす。

MEMO

カレーなど、スパイスの効いた料理によく合います。パイナップルはシロップ漬けではないフレッシュなものならば、市販のカットパインでもOKです。

いちじくと生ハムのサラダ

おだやかな甘さが料理に
使いやすいいちじくを
イタリアンなオードブルに仕立てました。

材料 2人分

いちじく…2個
生ハム…80g
ルッコラ…1束
オリーブオイル…大さじ1
バルサミコ酢…大さじ1
塩…小さじ1/4
こしょう…少々
パルミジャーノ・レッジャーノ…適量
黒こしょう…適量

作り方

1. いちじくはへたを切り落とし、縦4等分に切る。生ハムは食べやすい大きさにちぎる。ルッコラは根元を切り落とし、ざく切りにする。
2. ボウルにいちじくを入れ、オリーブオイル、バルサミコ酢、塩、こしょうを加えて和える。ルッコラを加え、ざっくりと混ぜ合わせる。
3. 器に盛り、生ハムをのせてパルミジャーノ・レッジャーノを削りかけ、黒こしょうを添える。

MEMO

バルサミコ酢はとろみが強くない、さらっとしたタイプを。パルミジャーノ・レッジャーノの代わりにちぎったモッツァレラチーズをのせるのもおすすめです。

グレープフルーツとツナ、カッテージチーズのサラダ

たっぷり食べられる、軽やかな味わい。
ヘルシーな素材ばかりのさっぱりサラダ。

材料 2人分

グレープフルーツ…1個
ツナ缶…1缶(70g)
カッテージチーズ…大さじ3
レタス…1/2個
玉ねぎドレッシング(P72参照)…大さじ3

作り方

1. グレープフルーツは皮をむいて房から実を取り出す。ツナ缶は汁けを切る。レタスは食べやすい大きさにちぎる。

2. 器にレタスを盛り、グレープフルーツとツナをのせる。カッテージチーズを散らして、玉ねぎドレッシングをかける。

Fruit Salad

MEMO

とあるホテルで出合ったメニューをヒントにしたレシピです。散らしたカッテージチーズがそれぞれの具材をまとめてくれます。写真では2色のグレープフルーツを組み合わせましたが、もちろん1種類でOK。

MEMO

サラダチキンの代わりにハムを使っても◎。白菜に金柑を合わせ、だししょうゆ＋酢で和えた和風の一品もおいしいですよ。

りんごと白菜、チキンのサラダ

市販のサラダチキンで楽ちん！
生でもおいしい、旬の白菜を使って。

材料 2人分

りんご…1/2個
白菜…2枚
サラダチキン…100g
レモン汁…小さじ1
［ヨーグルトドレッシング］
プレーンヨーグルト…大さじ2
マヨネーズ…大さじ1
はちみつ…小さじ1
塩…少々
こしょう…少々
くるみ…適量

作り方

1 りんごは皮ごと縦8等分にして芯を除き、5mm厚さのいちょう切りにしてレモン汁をかける。白菜は葉と芯に切り分け、葉は食べやすい大きさに、芯は5cm長さの細切りにする。サラダチキンは食べやすい大きさに裂く。くるみは粗く砕く。

2 ボウルにヨーグルトドレッシングの材料をすべて入れ、混ぜ合わせる。りんご、白菜、サラダチキンを加えて和える。

3 器に盛り、くるみを散らす。

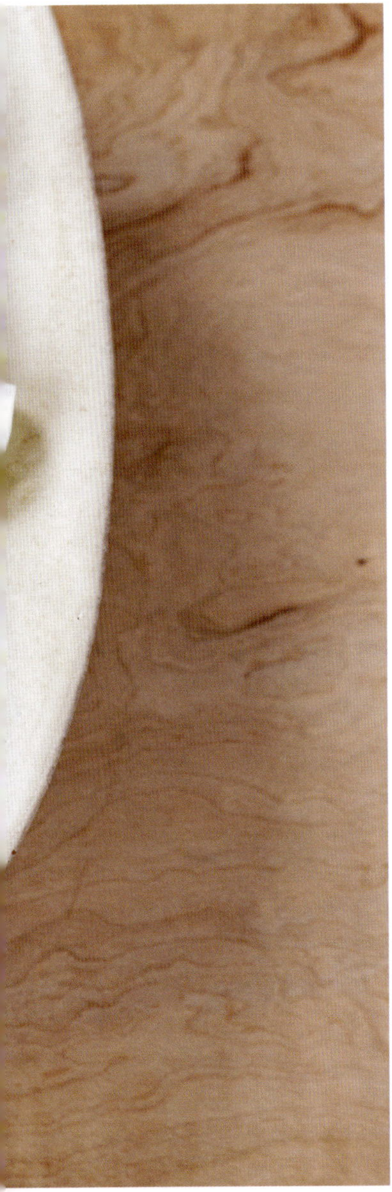

キウイと帆立のサラダ

緑×白で爽やかに仕上げた一皿。
きゅんとした酸味が帆立にぴったり！

材料 2人分

キウイ…1個
帆立貝柱（刺身用）…4個
かぶ…1個
ミックスグリーン…小1袋
A 酢…小さじ2
レモン汁…小さじ1
はちみつ…小さじ1
塩…少々
こしょう…少々
オリーブオイル…大さじ2

作り方

1 キウイとかぶは皮をむいて5mm厚さに切る。帆立は厚みを半分に切る。

2 ボウルにAを入れて混ぜ合わせ、帆立を加えて和える。キウイとかぶを加えてざっくりと混ぜる。

3 器にミックスグリーンを敷き、2を盛る。

MEMO

酸味がしっかりとしたキウイは魚介とよく合います。キウイとかぶ、帆立だけでカルパッチョ風に仕上げてもOKです。

スープの器の話

どこか温もりのある
やさしい器たち

　口にすると体にやさしく染みわたり、気持ちもほっと安らぐようなスープは、器もどこか温かみがあるものを選んでいます。繊細な磁器よりも、土っぽい陶器が日々の食卓には合わせやすいかもしれません。その代表格は、熊本県・天草で作陶している余宮隆さんのスープマグです。個展に並べば引く手あまたの人気の品。持ち手があるので口を直接つけて飲むことができるマグは、なめらかなポタージュに重宝しています。
　熱伝導率が低いため、熱いものを入れても手に取りやすく、口当たりのよい漆器もスープに向いていると思います。愛用しているのは、石川県・輪島で工房を構えている赤木明登さんの器。和食の献立にしっくり

と馴染んでくれます。器を傷つけないように、スプーンは木のものを合わせて。

冷製スープは、やはりガラスに盛ると涼しげですよね。クリアなガラス器も揃えていますが、深い緑が印象的で購入したのは田井将博さんが手がけたものです。

温かみがある器といえば、北欧のヴィンテージ食器もおすすめです。スウェーデンのブランド「ロールストランド」では、落ち着いたネイビーとオリーブグリーンで縁取った「エリザベス」やすみれの花が描かれた「シルビア」などに野菜をくたくたに煮たスープを盛ることもあります。

両持ち手とソーサーがついた器は、嫁入り道具として実家から持ってきた一品。スープ好きの私にとって、長年使い続けていきたい、とても大切なものなのです。

サラダの器の話

たっぷりと盛れる おおらかさが魅力

肉や魚をどんとのせるメインディッシュではなく、サラダのようにさまざまな素材を組み合わせた料理を盛りつけるのは意外と難しいもの。私はいつも量をたっぷりと作るので、お皿の余白を生かして控えめに盛りつけるのは不向き。こんもりと無造作にのせても様になるのは、円形よりもオーバル形のもので、リムがそれほど広くないお皿なのです。

その点で、盛りつけのテクニックいらずなのは鍛造作家・永島義教さんのアルミ製プレート。手作りならではの風合いがあって、どこか懐かしい家庭料理やエスニック風のメニューによく合います。

細長いオーバル皿は、大分県別府市で作陶している亀田文さんのもの。

欠けてしまった部分を金継ぎして大切に使っています。

白地に赤い縁がかわいいホーローの器は、イギリスのメーカー「ファルコン」のパイディッシュ。この器でざっくり和えてそのまま食卓へサーブできるので、デリ風メニューやシーザーサラダといったコンチネンタルな料理を盛りつけるのに便利です。

クラシックな雰囲気がある花柄のお皿はよく通っていたイタリア料理店から譲り受けたものです。やはり、洋風な献立のオードブルを盛るのに活躍してくれます。

田井将博さんのガラス鉢のように、サラダにはある程度の深さがある食器も重宝しますよね。木のボウルもいいですね。これから、手に入れてみたい器の一つです。

特にサラダ用として揃えたわけではなく、料理に合わせて盛りつけやすい器を使い分けています。

ariko

『CLASSY.』『VERY』などのファッション誌を担当するエディター、ライター。夫、息子と3人暮らし。インスタグラム(@ariko418)に投稿されるセンスあふれる料理の写真と食いしん坊の記録が話題を集め、フォロワー数は現在22万人を超える。おいしいもの好きから絶大な人気を集めている。著書に『arikoの日々、麺、ごはん』(小社)、『arikoの食卓』シリーズ(ワニブックス)、『arikoのごはん』『arikoの家和食』(講談社)など多数。

arikoの日々、スープ、サラダ

2024年12月20日　初版第1刷発行

著者　ariko
発行者　秋尾弘史
発行所　株式会社 扶桑社
〒105-8070
東京都港区海岸1-2-20　汐留ビルディング
電話 03-5843-8589（編集）
03-5843-8143（メールセンター）
www.fusosha.co.jp
印刷・製本　株式会社加藤文明社

ISBN978-4-594-09720-2

staff

デザイン	川村哲司(atmosphere ltd.)
撮影	山田耕司
スタイリング	山口裕子(+y design)
取材・文	首藤奈穂
料理アシスタント	コバヤシリサ、玉利沙綾香
校正	小出美由規
DTP制作	ビュロー平林
編集協力	林 由香理
編集	遠山由美子、大森美緒